DEBUSSY

PIANO ~ ŒUVRES

드뷔시集

Deux Arabesques 2개의 아라베스크
Suite Berga-Masque 베르가마스크 조곡
Pour Le Piano 피아노를 위하여
Ballade 발라드
Rêverie 꿈
Valse Romantique 로맨틱한 왈츠
Nocturne 야상곡
Danse 댄스
Mazurka 마주르카
D'un Cahier D'esquisses 스케치북에서
Masques 가면
Hommage À Haydn 하이든 예찬
La Plus Que Lente 렌토보다 느리게
Berceuse Héroïque 영웅을 위한 자장가

Edited and Revised
by
MOTONARI IGUCHI

태림스코어

CONTENTS

SHUNJUSHA PUBLISHING COMPANY, TOKYO, JAPAN.
Useable rights of the edition reserved by
SHUNJUSHA PUBLISHING COMPANY.
The useable rights for Korea assigned to
TAERIM PUBLISHING COMPANY, SEOUL, KOREA.
This publication has been authorized for sale only
Korea through HYE-CHEON ENTERPRISE CO., LTD.

DEUX ARABESQUES

1ère Arabesque

CLAUDE DEBUSSY

Andantino con moto

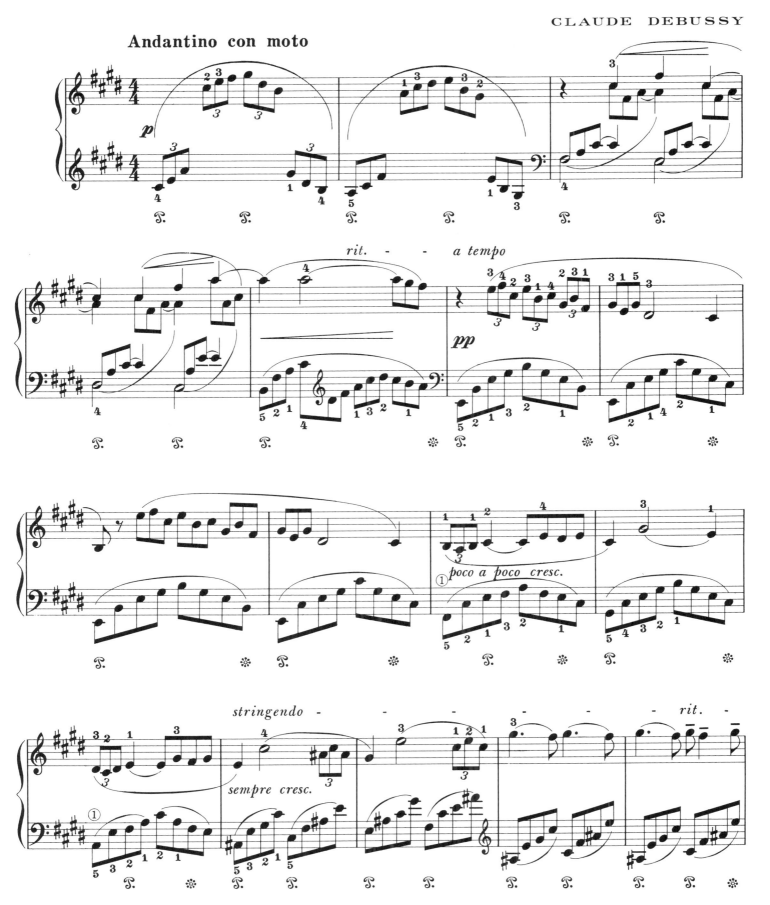

① This low sound had better be *tenuto* somewhat.　　① 이 저음은 약간 *tenuto*로 연주하는 것이 좋다.

2ᵉᵐᵉ Arabesque

Allegretto scherzando

14

① This F♮ is made A in the Original, but it will be erroneous.

① 원판에는 이 F♮음이 A음으로 되어 있으나, 잘못된 것이라고 생각된다.

SUITE BERGAMASQUE

Prélude

Menuet

Clair de lune

Andante très expressif

Tempo rubato

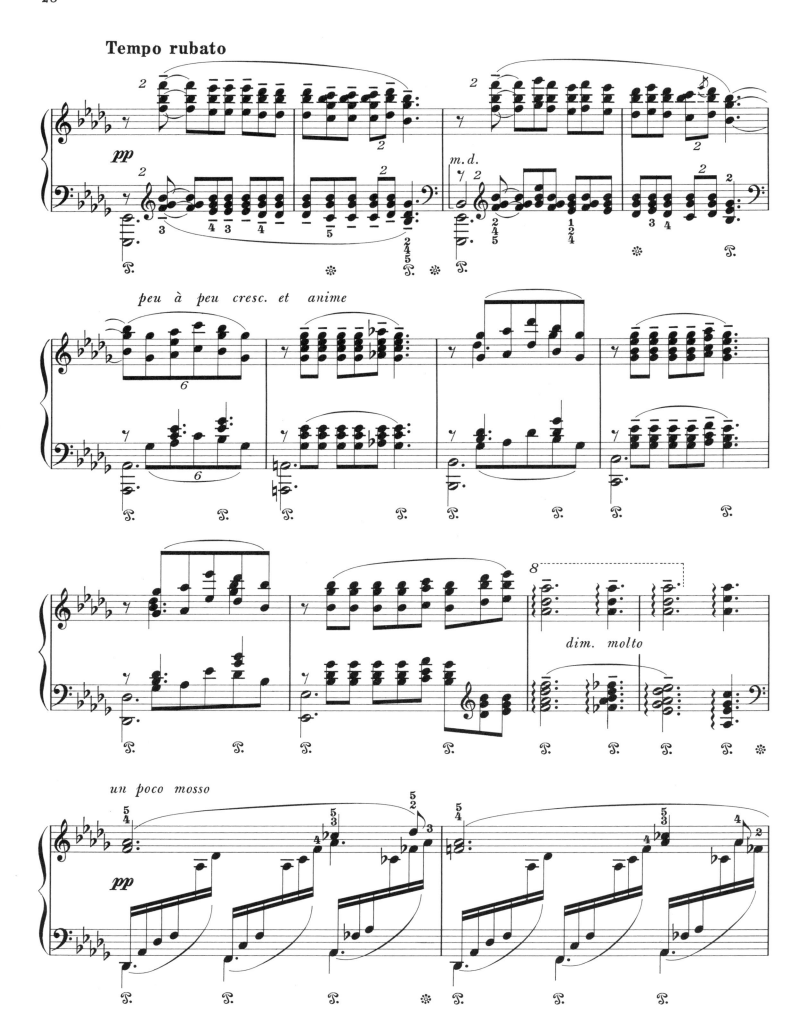

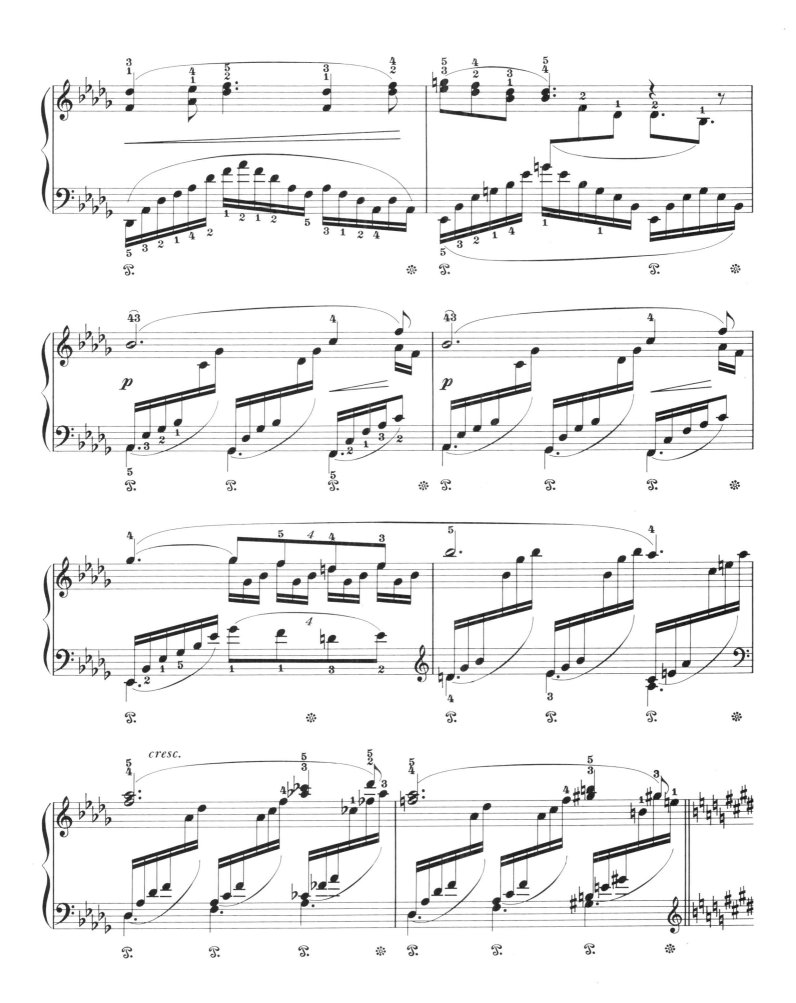

Passepied

Allegretto ma non troppo

POUR LE PIANO
Prélude

Assez animé et très rythmé

① The pedals from here onward, keeping view on leaving low sound, semi-pedal will avail the player, if it will be employed well.

① 이곳부터 페달은 저음을 남기기 위해 반 페달을 잘 사용하면 좋다.

(Pedale)

peu a peu

cresc.

f

① One had better play as follows:

① 왼쪽과 같이 치면 좋다.

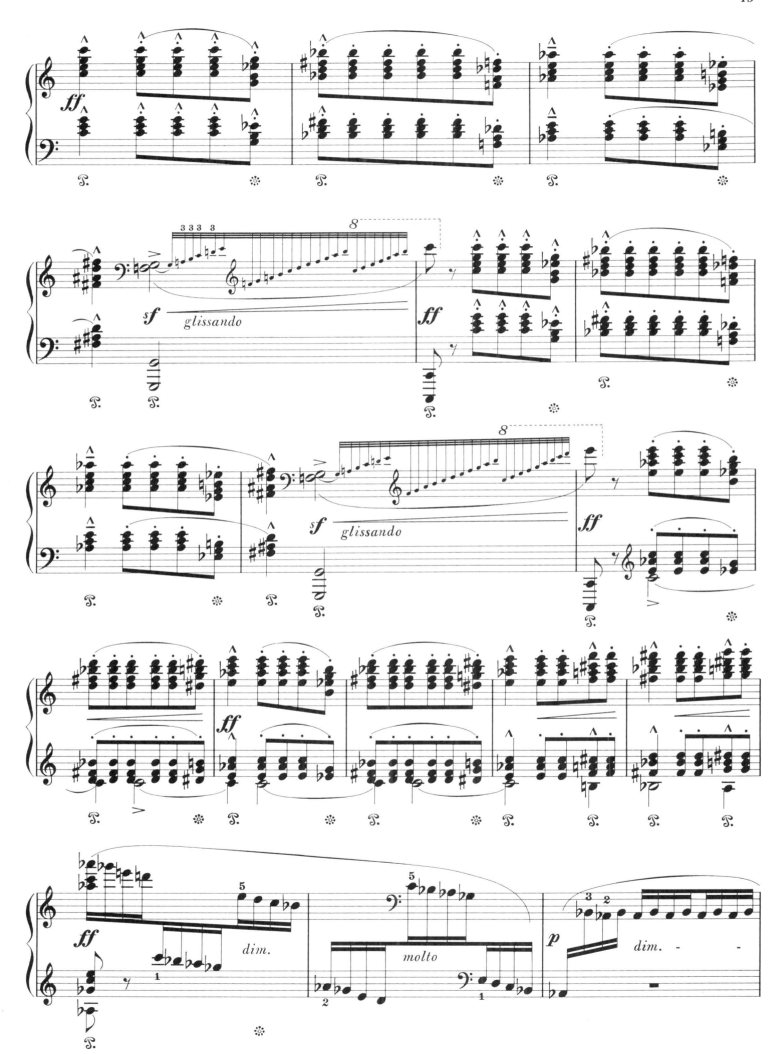

44

① One had better play as follows:

① 오른쪽과 같이 치면 좋다.

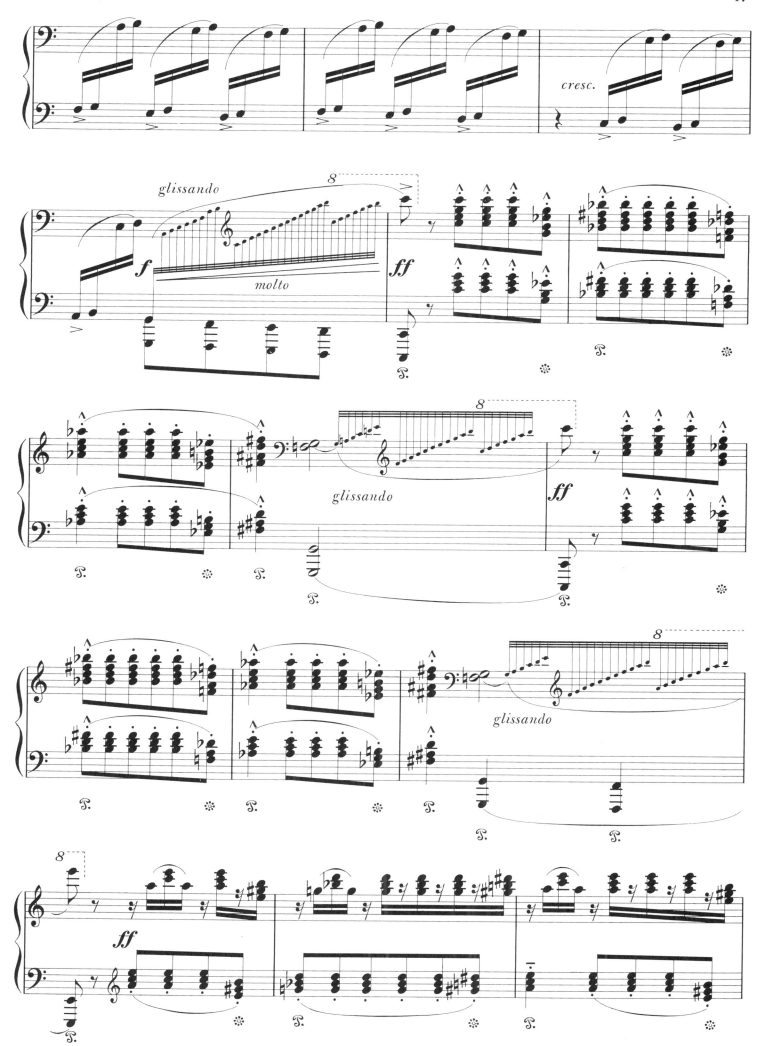

Tempo di cadenza

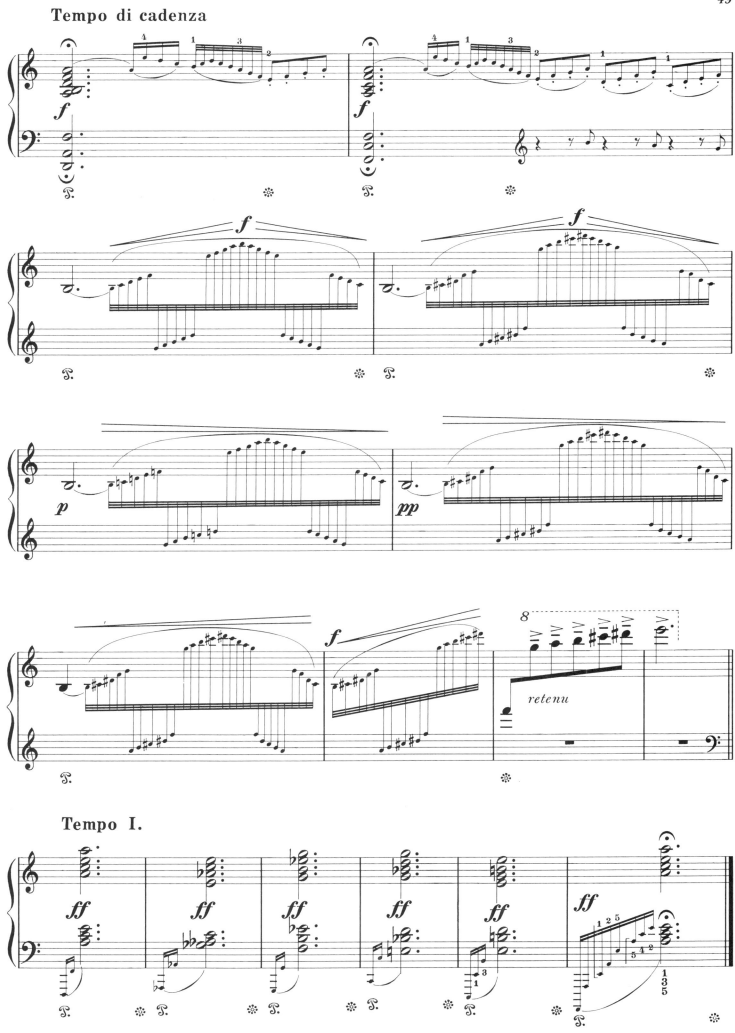

Tempo I.

Sarabande

Avec une élégance grave et lente

Toccata

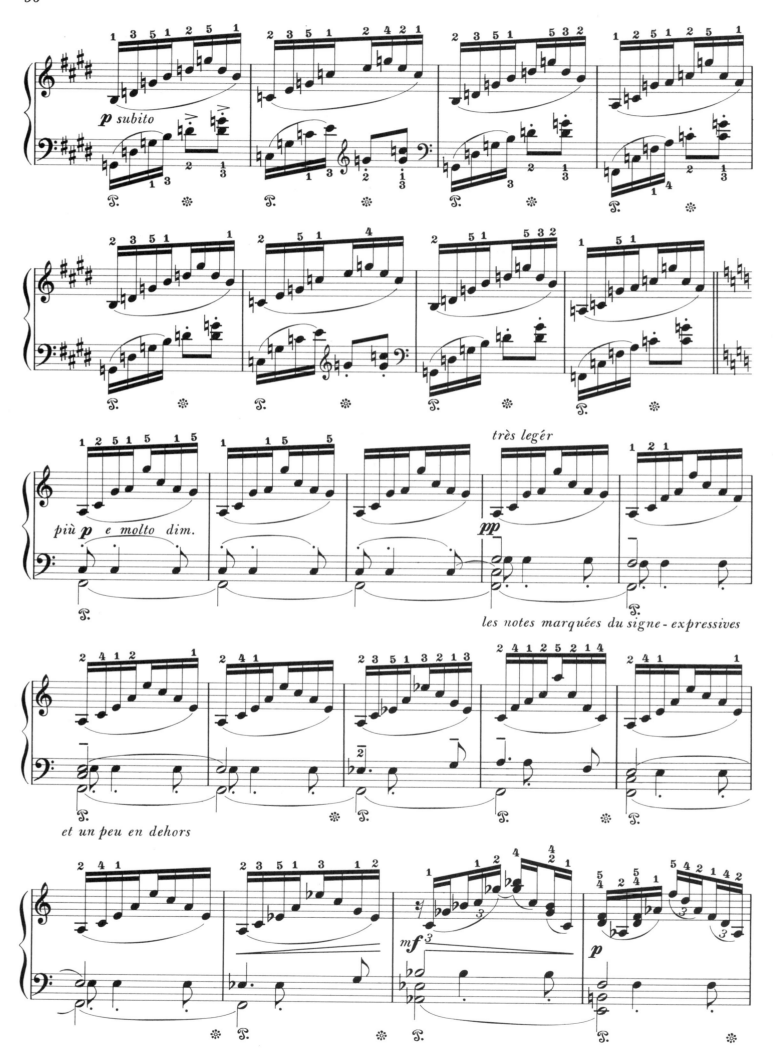

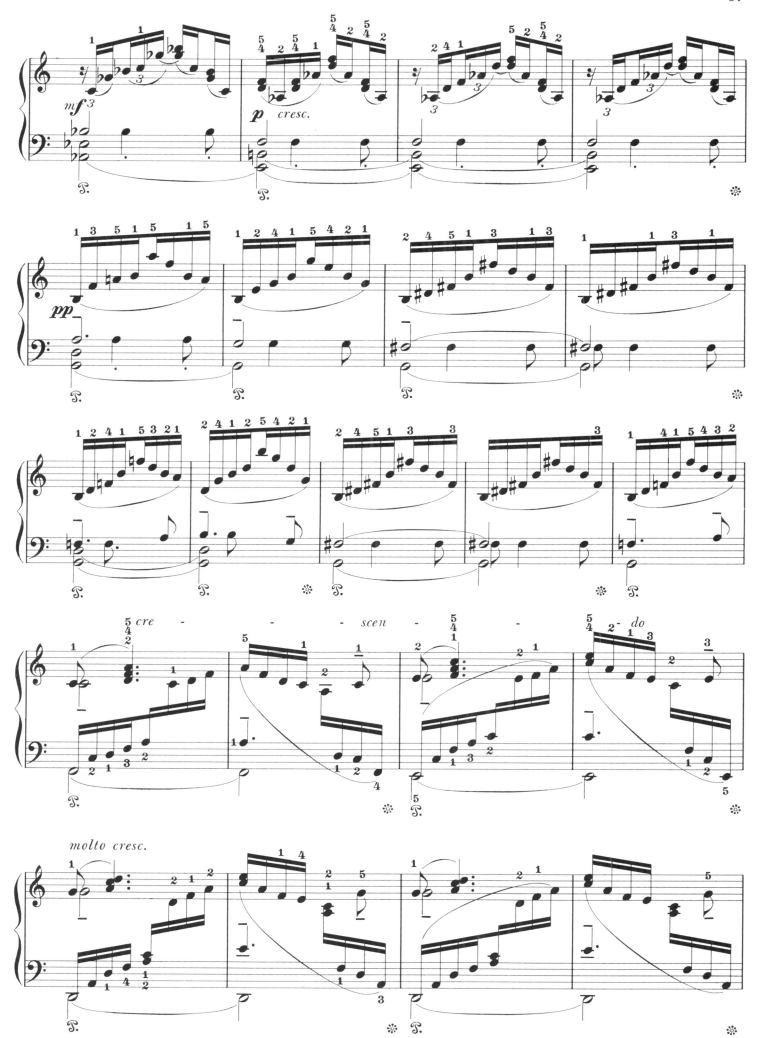

58

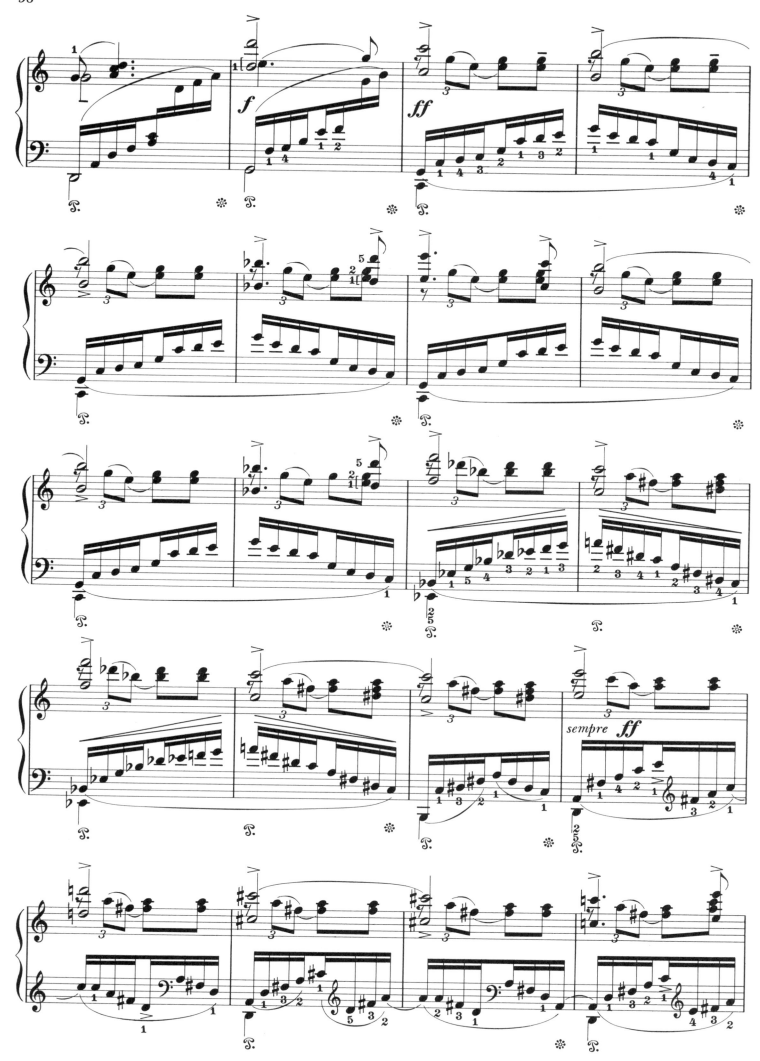

64

Ballade

Andante con moto (*Tempo rubato*)

Tempo I.

Rêverie

Valse romantique

Nocturne

Tempo I.

Danse

(*sempre staccato*)

Tempo I.

Mazurka

102

D'un cahier d'esquisses

Masque

Cédez un peu

laissez vibrer pendant ces 4 mesures

① This pedal comes from the M.S.   ① 이 페달은 원고에 따랐다.

Tempo I.

Hommage à Haydn

Centenaire d'Haydn (Mai 1909)*

Mouv^t de Valse lente

*) 하이든 100년 축제(1909년 5월)

Vif
(Une mesure équivaut à un temps
du mouv^t précédent)

La plus que lente

VALSE

126

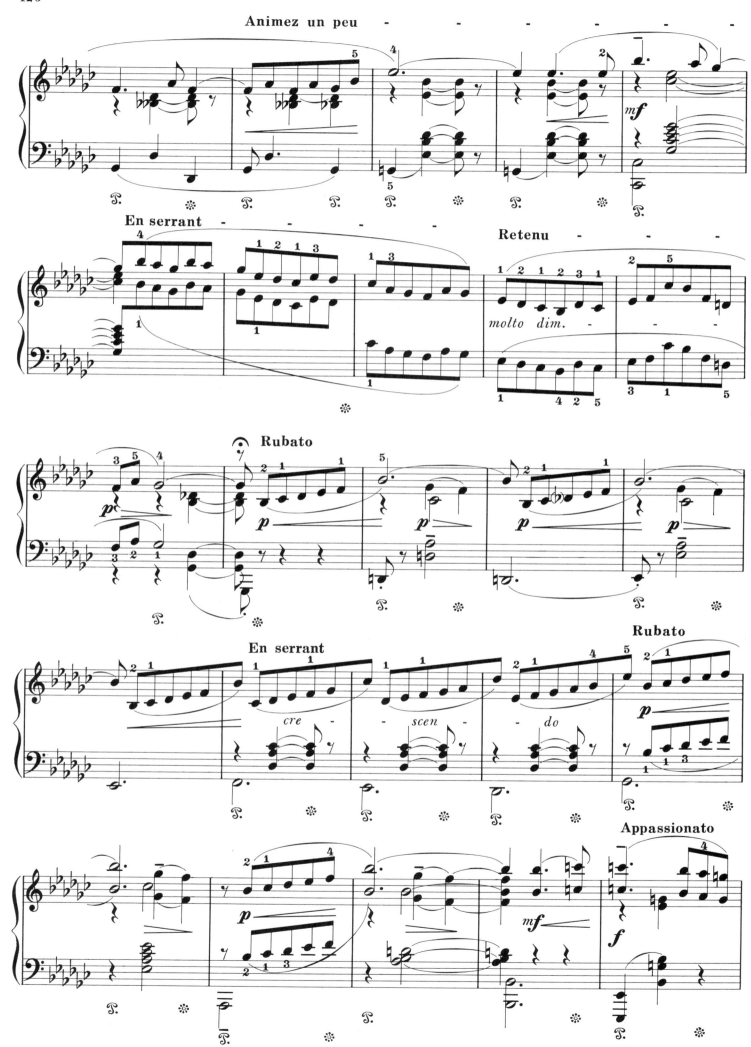

127

Berceuse héroïque

Pour rendre Hommage à S.M. le Roi Albert 1er de Belgique
et à ses Soldats.*

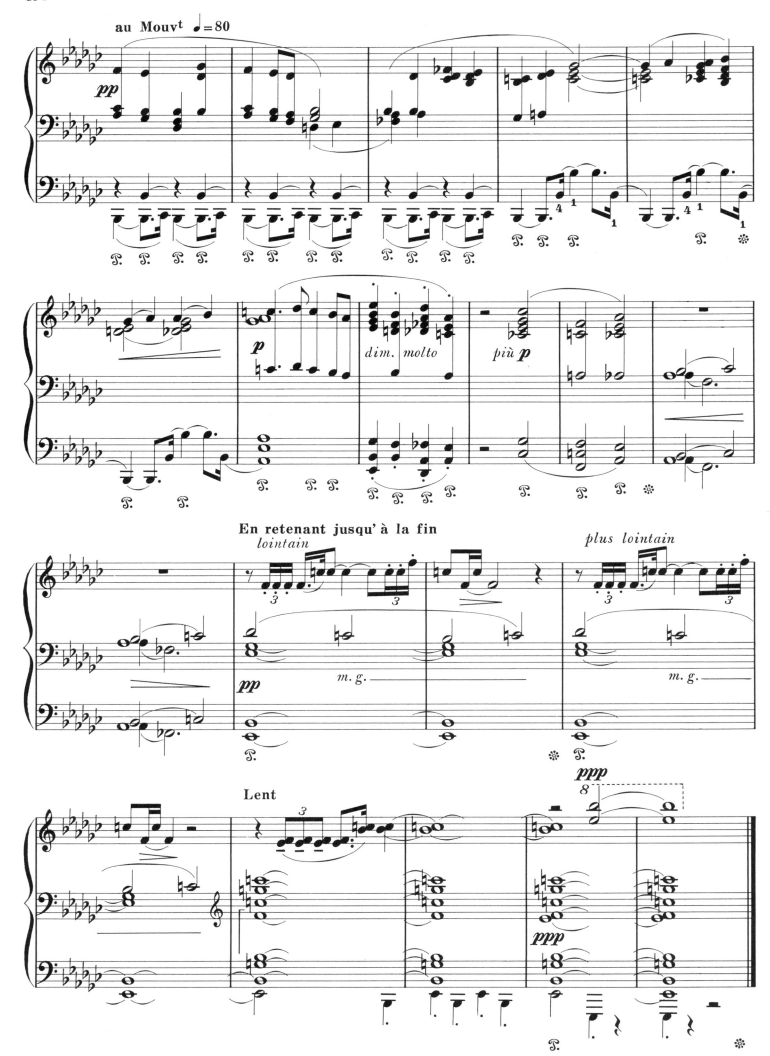

해 설

드뷔시(Claude Achille Debussy 1862~1918)

⬚ 생 애

인상파 음악의 창시자이며 또한 완성자인 드뷔시는 1862년 파리 근교의 전원 도시 생 제르맹 앙레에서 태어났다. 그의 아버지 마뉘엘 드뷔시는 생 제르맹 앙레에서 도자기 판매업을 하고 있었는데, 운영이 잘 되지 않자 파리로 떠났다. 그 뒤로 드뷔시의 집안은 매우 불안정한 생활을 하였다. 이런 환경에서 자란 드뷔시의 소년 시절은 그 자신이 입을 다물고 있기 때문에 자세히 알려져 있지 않다.

9세 때인 1871년, 드뷔시는 지중해안의 도시 칸에 살고 있는 백모를 방문하였는데, 이 때 백모는 드뷔시를 아마추어 피아니스트인 모테 부인에게 소개하였다. 이 모테 부인은 소년 드뷔시의 음악적 소질을 발견하고, 친할머니처럼 열성적으로 드뷔시에게 피아노를 가르쳤다. 그 보람이 있어, 드뷔시는 이듬해인 1872년 파리 국립 음악원에 들어갈 수 있었다.

음악원에서의 드뷔시는 규범을 중시해야 하는 화성법 같은 교과에는 좋은 성적을 얻지 못했다. 그 대신 음감이라든가 창조적인 재능이 작용하는 교과에서는 눈부신 성적을 얻었다. 1884년, 드뷔시는 칸타타 〈방탕한 아들〉을 작곡하여 '로마 대상'을 차지하였다.

집안이 넉넉하지 못했던 드뷔시는 학생 시절에도 학자금을 자기 손으로 벌어야 했다. 그는 귀족 부인들의 저택이나 성악 학원 등에서 피아니스트로 일했는데, 그 중에는 차이코프스키의 후원자로 유명한 폰 메크 부인도 있었다. 드뷔시는 폰 메크 부인의 피아니스트로 일하는 동안 러시아 음악에 접하여 크게 감화를 받기도 했다.

당시 프랑스 예술원에서는 '로마 대상' 수상자를 로마에 보내어 2년간 창작에 전념할 수 있도록 생활을 보장해 주고 있었다. 드뷔시도 수상한 이듬해인 1885년에 로마 유학을 떠났다. 그러나 그는 로마 생활에서 아무런 보람도 찾지 못하고, 의무화된 최저 기간인 2년을 겨우 넘긴 다음 파리로 돌아오고 말았다. 로마 유학 작품으로 프랑스 예술원에 제출한 4곡의 작품 중 가장 주목되는 것은 칸타타 〈선택받은 소녀〉였다. 이 작품에는 이미 낡은 화성법에 대한 대담한 반역이 뚜렷이 나타나 있었다.

로마에서 돌아온 드뷔시는 귀족 살롱의 부르주아적인 분위기와는 점점 멀어지고, 그 대신 상징파의 젊은 문인들과 교유하기 시작했다. 그는 말라르메가 주도하는 '화요일 밤의 집회'에 참석하는 단 한 사람의 음악가였다.

드뷔시는 그 때까지만 해도 바그너를 대단히 숭배하고 있었다. 그러나 새로운 예술가들과의 접촉이 빈번해짐에 따라 그의 예술관도 변화를 가져왔다. 바그너의 웅장하고 압도적인 음악이 이제 그에게는 지나치게 '웅변적'이며, 때로는 장황하기까지 하다고 느껴졌다. 그는 바그너를 초극하여 나아가리라고 마음먹었다. 이는 아직 윤곽을 잡지 못한 그의 개성이 확고해지려는 조짐이기도 했으며, 또한 '독일 정신'과 '프랑스 정신'의 좋은 대비이기도 했다.

신예 작곡가로서 드뷔시의 지위를 결정적으로 굳힌 것은 1894년에 작곡한, 말라르메의 시에 의한 〈목신의 오후에의 전주곡〉이다. 이 곡은 작곡된 그 해 초연되어 젊은 예술가들의 지대한 관심을 끌었다. 〈목신의 오후에의 전주곡〉에서는 드뷔시가 지향하려던 방향이 분명하게, 그리고 새로운 아름다움으로 나타나, 드뷔시가 거의 10년 동안 탐구해 온 독자적인 양식과 어법이 확립되었다.

그 후 약 10년 동안 드뷔시는 두 사람의 상징파 시인에 의한 작품을 포함한 여러 작품에서 그의 음악적 양식과 어법을 다시 확인시켰다. 두 사람의 상징파 시인이란 피에르 루이스와 모리스 메테를링크였다. 루이스의 시에 곡을 붙인 〈빌리티스의 노래〉는 드뷔시의 가곡 중 최상의 작품으로 꼽힌다. 그리고 메테를링크의 희곡에 의한 오페라 〈펠레아스와 멜리장드〉는 드뷔시의 대표적인 작품일 뿐만 아니라, 오페라사상 여러 가지 국면에서 새로운 지평을 열어 준 획기적인 걸작이다.

이 10년간에 드뷔시는 신상에 몇 가지 파란을 겪었다. 1899년에 그는 렐리 텍시에라는 여성과 결혼을 하였으나, 1905년에 이혼하고 이 해에 엠마와 재혼하여 사랑하는 딸 슈슈를 낳았다. 그의 피아노 곡집 〈어린이 차지〉는 이 딸을 위해 작곡된 것이다.

그의 작품 중 걸작으로 꼽히는 관현악곡인 〈바다〉는 1905년에 작곡되었으며, 이에 앞서 같은 해에 피아노

곡집 〈영상〉이 작곡되었다. 이후 드뷔시는 가곡·피아노곡·관현악곡 등 각 분야에서 원숙한 작품들을 내놓았다.

1911년에는 대작인 극 부수 음악 〈성 세바스티앙의 순교〉를 작곡하였다. 이 곡은 드뷔시의 독자적인 종교 음악으로 기념비적인 작품인데, 이 작품부터를 드뷔시 음악의 '종합의 시기'라고 볼 수 있다. 이 '종합의 시기'는 사실은 그 전 해에 작곡된 피아노 곡집인 〈전주곡집〉 제1집에서 이미 시작되었다고 보아도 좋을 것이다.

그러나 드뷔시는 1915년 암에 걸려 수술한 보람도 없이 세상을 떠나고 말았다. 19세기 낭만주의 음악이 그 막을 내리려 하던 무렵, 드뷔시는 인상주의 음악으로써 새로운 시대의 문을 열었던 사람이다. 그의 음악은 완벽하게 완성된 하나의 세계였기 때문에, 그를 직접 계승할 만한 인재는 나타나지 않았다. 하지만 그가 20세기 음악의 역사에 끼친 영향은 지대한 것이었다.

▨ 작 품

❖ 2개의 아라베스크

피아노 음악에서 드뷔시의 작곡 연대를 세 시기로 나누어 보면, 제1기(1888~1900), 제2기(1901~1907), 제3기(1908~1915)로 나눌 수 있다. 〈2개의 아라베스크〉는 초기인 1888년의 작품으로, 로마 대상을 받고, 이탈리아에 유학한 드뷔시가 파리로 돌아온 직후에 작곡한 것으로, 아직 그가 마스네 등의 살롱풍이며 로맨틱한 음악의 영향을 받고 있었을 때이며, 더구나 프랑스 고전 음악의 우아함에 마음이 끌리고 있었던 무렵의 것이다. 제1번은 E장조, 안단티노 콘 모토로, 달콤한 아르페지오의 흐름 속에 드뷔시다운 정교한 감각이 울려 퍼진다. 제2번은 G장조 알레그레토 스케르찬토로, 동적이며 약간 차가운 느낌의 곡이다.

❖ 베르가마스크 조곡

1890년경의 작곡으로 알려진 〈베르가마스크 조곡〉에 이르러 드뷔시의 음악은 개성적인 이미지를 소리로써 울리기 시작했다. 〈프렐류드〉, 〈미뉴에트〉, 〈월광〉, 〈파스피에〉라고 하는 4악장으로 된 이 피아노 곡집은 우선 고전 모음곡풍의 무곡으로 구성되었으며, 제3악장에만 무곡과는 관계 없는 안단테 트레 에스 프레시보의 〈월광〉을 넣고 있다. 베를렌의 〈월광〉이라는 시를 연상케 하는 이 안단테 악장은 고요한 음이 자아내는 밤의 정적과 아르페지오의 번쩍임이 그려내는

달빛, 소리도 없이 뿜어올려 바람에 흩어지는 물, 손을 맞잡은 연인들, 가면 무도회의 사람들을 꿈 속에서처럼 표현하고 있는 것 같다.

❖ 조곡 〈피아노를 위하여〉

드뷔시는 〈베르가마스크 조곡〉 이후, 한동안 피아노 음악에서 떠난다. 그러나 10여 년이 지난 1901년, 그는 〈피아노를 위하여〉라는 조곡을 발표하였다. 이 조곡은 〈프렐류드〉, 〈사라방드〉, 〈토카타〉의 3곡으로 되어 있는데, 고전 모음곡의 형식을 탐구하면서 인상주의에의 길을 택하였음이 인정된다. 〈프렐류드〉는 빠른 템포와 피아니스틱한 기교에 의하면서 인상파적인 피아노 서법을 군데군데 나타내고 있고, 〈사라방드〉는 낡은 교회 선율 등에 의해 프랑스 고전에의 그리움을 나타내고 근심의 어두움과 느릿한 소리의 여울물을 아름답게 엮어 꾸민 매혹적인 곡이다. 그리고 〈토카타〉에서는 제1곡의 기교를 다시 선명하게 클로즈업시키고 있다.

❖ 판 화

자연의 사물이나 또 그것에 닿았을 때의 감각을 극히 내적인 심리층으로 받아들여, 그 이미지를 음으로 구상화하려는 것이 인상주의의 음악이다. 드뷔시는 이것을 피아노곡으로 시도하였다. 1903년에 작곡된 〈판화〉는 그러한 인상주의풍의 양식이 명실상부하게 실현된 작품이다. 이 곡집은 〈탑〉·〈그라나다의 저녁놀〉·〈빗속의 정원〉의 3곡으로 되어 있다.

〈탑〉은 5음계에 의해 동양의 이국풍 정서를 그려내고 있는데, 기교적으로 리스트 등의 피아니즘을 느끼게 하면서 그 이상으로 환상을 불러일으킨다. 〈그라나다의 저녁놀〉에서는 하바네라의 리듬을 배경으로 울리면서 스페인의 밤의 아름다움을 상상한다. 또 〈빗속의 정원〉은 파리의 정원에 내리는 비와 그것이 말끔하게 갠 다음의 정서를 기교적으로 찬연하게 그려 내고 있다.

❖ 환희의 섬

1904년의 작곡으로, 〈판화〉에서 보여 준 인상주의의 수법이 보다 명확하게 나타나고 있다. 그리고 스케일이 큰 피아노의 테크닉을 가지고, 관현악적인 음감의 다채로움과 다이내미즘의 화려함을 펼쳐나가는 동시에 관능적인 향락의 뉘앙스를 용솟음치게 한다. 환상과 색채가 짙은 피아노곡으로 전 해의 〈판화〉, 다음

해의 〈영상〉그 어느 것과도 질적으로 다른, 연주 효과가 높은 작품이다.

곡의 이미지는 중세 프랑스의 화가인 와토의 우아한 필치로 된 명화 〈시테르 섬에의 출범〉을 본 인상에 의한 것이라 한다. 시테르는 크레타 섬의 북서쪽에 떠 있는 지중해의 작은 섬으로, 고대 그리스 시대에 사랑의 여신 비너스가 사는 섬이라 하여 연인들이 찾아다녔다는 전설이 있다.

❖ 영상 제1집 · 제2집

1905년 교향시 〈바다〉를 완성한 드뷔시는 먼젓번의 〈판화〉에서 시도한 인상주의적 피아노곡을 다시 철저한 수법으로 추구하여, 1905년부터 1907년에 걸쳐 2개의 피아노 곡집 〈영상〉을 작곡했다.

제1집은 1905년의 작품인데, 〈물에 비치는 그림자〉·〈라모 예찬〉·〈움직임〉의 3곡으로 되어 있다. 〈판화〉나 〈환희의 섬〉에서 보인 기교 편중의 효과보다도, 인상주의 피아노곡으로서의 원숙도가 느껴지며, 극히 아름다운 음감이 매혹적이다.

〈물에 비치는 그림자〉(안단티노 몰토)는 빛과 그림자에 물결치는 수면의 움직임, 갖가지 파문을 남기고 사라지는 물, 세세한 아르페지오와 부드러운 화음의 암시가 멋지다. 〈라모 예찬〉(렌토 에 글라베)은 프랑스의 로코코 작곡가에의 그리움을 예스런 선율과 화성으로 그려 내고 있다. 〈움직임〉(아니마토)은 리듬의 반복과 셋잇단음의 재빠른 교체, 그것에 의해 추상적인 음의 움직임을 감각적으로 묘사한다.

이러한 제1집에 이어지는 〈영상〉제2집(1907)에서는 그 수법이 보다 높은 원숙미를 보여 준다. 역시 3곡으로 되어 있는데, 〈나뭇잎을 스치는 종소리〉(렌토)는 억제된 감정 표현이 명확하지 않은 음의 울림으로 애달픈 생각을 불러일으킨다. 어딘지 모르게 우아한 정서가 감돌며, 희미하게 종소리가 나는 듯한 뉘앙스의 아름다움이야말로 절품이다.

〈폐사(廢寺)에 걸린 달〉(렌토)은 조용한 음의 명상의 세계로서, 너무나도 폐쇄적인 작곡자의 마음에 사람들은 당황하게 된다. 〈금빛 물고기〉(아니마토)나 〈움직임〉에 일맥 상통하는 찬연한 환상도 드뷔시의 독특한 솜씨이다.

❖ 조곡 〈어린이 차지〉

1906년부터 1908년에 걸쳐 작곡된 6곡의 소품으로 된 모음곡이다. 드뷔시는 1901년에 무소르그스키의 가곡집 〈어린이의 방〉에 크게 마음이 끌린 적이 있었는데, 이 피아노 모음곡에 그 반영이 엿보인다. 드뷔시는 이 곡들을 엠마 슈슈라는 5세가 된 딸을 위해 작곡했다.

6곡의 표제는 다음과 같다. 〈그라듀스 애드 파르나숨 박사〉·〈코끼리 자장가〉·〈인형의 세레나데〉·〈춤추는 눈〉·〈양치는 아이〉·〈골리워그의 케이크웍〉.

❖ 연습곡

1915년 드뷔시는 듀란 출판사로부터 쇼팽의 연습곡 교정을 부탁받고 쇼팽의 작품을 만지고 있었는데, 이때 드뷔시도 12곡의 연습곡을 쓰고 있었다. 그리하여 이 연습곡을 〈프레데리크 쇼팽의 추억을 위하여〉라고 써서 출판했다.

이 곡은 인상주의적 표현의 추상화라고 하는 〈전주곡집 제2집〉의 방식을 보다 철저하게 한 것이며, 순전히 기교면의 세련도와 음의 정교한 미감을 노리고 있다.

〈다섯 손가락을 위하여〉로 시작하여, 〈3도를 위하여〉·〈4도를 위하여〉·〈6도를 위하여〉·〈옥타브를 위하여〉·〈여덟 개의 손가락을 위하여〉·〈반음계를 위하여〉·〈꾸밈음을 위하여〉·〈반복음을 위하여〉·〈음의 대비를 위하여〉·〈아르페지오를 위하여〉·〈화음을 위하여〉라는, 운지와 표현 기법을 위한 12곡의 어려운 곡으로 되어 있다.

❖ 전주곡집 제1집 · 제2집

인상주의적 작품을 확립한 이후, 드뷔시가 작곡한 피아노곡은 보다 정묘해지고 환상의 깊이를 더해 간다. 모호한 분위기 속에 떠오르는 피아니즘의 번쩍임—명확하지 못한 그 움직임을 순간적인 환상에 응결시켰는가 하면, 그것은 어느 사이엔가 짙은 안개 속으로 빠져든다.

음정에서의 음의 움직임, 바림된 리듬, 그것은 때로는 황혼의 놀을 생각하게 하지만, 때로는 드뷔시만이 느끼고 감득한 음의 미감이다. 1910년에 제1집이 발표된 〈전주곡집〉이야말로 그러한 드뷔시의 걸작이다.

제1집의 12곡은 〈델피의 무희〉·〈돛〉·〈광야를 건너는 바람〉·〈저녁놀 대기 속에 떠도는 소리와 향기〉·〈아나카프리 언덕〉·〈눈 위의 발자국〉·〈서풍이 본 곳〉·〈갈색머리 아가씨〉·〈끊어진 세레나데〉·〈적막한 절〉·〈퍼크의 춤〉·〈민스트렐〉이다. 우아한 시정이 감도는 〈갈색머리 아가씨〉와 환상적인 교향시라고도 말할 수 있는 〈적막한 절〉, 피아노적 음감의 찬연한 효과를 발휘하는 〈서풍이 본 곳〉이나 조용하고 차가운 음감의 〈눈 위의 발자국〉 등이 유명하다.

1913년의 〈전주곡집 제2집〉은 보다 추상적인 음악으로서 피아니스틱하게 쓰여져 있다. 이것도 12곡인데, 〈안개〉·〈마른 잎〉·〈포도밭의 문〉·〈요정은 착한 무용수〉·〈에리카가 우거진 황야〉·〈변덕스런 라비느 장군〉·〈달빛 쏟아지는 테라스〉·〈물의 정기〉·〈피크 윅 궁전 예찬〉·〈카노프〉·〈교대하는 3도〉·〈불꽃〉으로 되어 있는데, 〈불꽃〉은 고도의 기교가 유달리 멋지다. 그러나 제1집만큼 널리 알려지지는 않고 있다.

■春秋社版/세계음악전집 목록

No.	도서명	작품명	No.	도서명	작품명
1	바로크 피아노곡집	륄리 / 쿠프랭 / 라모 / 다캥	39	브람스 2	스케르초 / 발라드 / 왈츠 / 피아노곡 / 랩소디 / 환상곡 / 간주곡
2	스카를라티 1	소나타집 제1권(전50곡)	40	리스트 1	소나타 / 폴로네즈Ⅱ / 발라드Ⅱ / 메피스토 왈츠Ⅰ / 즉흥곡 왈츠 / 잊어버린 왈츠 제1번 / 위로 / 2개의 전설
3	스카를라티 2	소나타집 제2권(전50곡)	41	리스트 2	사랑의 꿈 / 시적이며 종교적인 선율 / 순례의 연보 제1년 / 순례의 연보 제2년 / 베네치아와 나폴리-순례의 연보 제2년 보유 / 순례의 연보 제3년
4	스카를라티 3	소나타집 제3권(전50곡)	42	리스트 3	초절 기교 연습곡 / 파가니니에 의한 대 연습곡 / 3개의 연주회용 연습곡 / 2개의 연주회용 연습곡
5	바흐 1	평균율 클라비어곡집 제1권	43	리스트 4	헝가리 랩소디(15곡) / 스페인 랩소디
6	바흐 2	평균율 클라비어곡집 제2권	44	리스트 5	피아노 독주용 개편곡집
7	바흐 3	프랑스 조곡 / 영국 조곡	45	리스트 6	연주회용 패러프레이즈집
8	바흐 4	2성부 인벤션 / 3성부 신포니아	46	차이콥스키	소나타 / 사계 / 무언가 / 로망스 / 유모레스크 / 야상곡 외
9	바흐 5	파르티타 / 프랑스 서곡 / 이탈리아 협주곡 / 반음계적 환상곡과 푸가 / 카프리치오	47	드뷔시 1	2개의 아라베스크 / 베르가마스크 조곡 외
10	바흐 6	토카타집	48	드뷔시 2	판화 / 환희의 섬 / 영상 제1, 2집 / 조곡 '어린이 차지' / 12개의 연습곡집
11	헨델	조곡집 / 3개의 연습곡 / 샤콘느와 변주곡 / 환상곡 / 푸가	49	드뷔시 3	전주곡집 제1, 2권
12	하이든	소나타집 / 주제와 변주 / 안단테와 변주 / 환상곡 / 카프리치오	50	포레 1	야상곡집 (전11곡)
13	모차르트 1	소나타집 제1권(전10곡)	51	포레 2	뱃노래집(13곡)
14	모차르트 2	소나타집 제2권(전9곡)	52	포레 3	주제와 변주 / 즉흥곡집(전6곡) / 전주곡집(전9곡) / 마주르카
15	모차르트 3	변주곡집 / 소곡집	53	포레 4	발라드 / 발스·카프리스 / 무언가 / 소품집
16	베토벤 1	소나타집 제1권(전11곡)	54	포레 5*	듀엣곡집 / 마스크와 베르가마스크 / 환상곡
17	베토벤 2	소나타집 제2권(전12곡)	55	스크랴빈 1	소나타집 제1권
18	베토벤 3	소나타집 제3권(전9곡)	56	스크랴빈 2	소나타집 제2권
19	베토벤 4	변주곡집(전10곡)	57	스크랴빈 3	에튀드
20	베토벤 5	바가텔집 / 전주곡 / 론도 / 환상곡 / 폴로네즈 / 안단테 / 엘리제를 위하여 / 에코세즈	58	스크랴빈 4	전주곡집
21	베버	소나타집 / '오라, 아름다운 도리나 벨라'에 의한 변주곡 / 모멘트 카프리치오소 / 화려한 론도 / 무도에의 권유 / 화려한 폴로네즈	59	스크랴빈 5*	마주르카와 즉흥곡집
22	슈베르트 1	소나타집 제1권(전6곡)	60	스크랴빈 6	시곡집 / 알레그로 아파시오나토 / 연주회용 알레그로 / 환상곡 / 환상곡(2대의 피아노) 유작
23	슈베르트 2	소나타집 제2권(전5곡)	61	스크랴빈 7*	소품집
24	슈베르트 3	환상곡 / 즉흥곡 / 악흥의 한때	62	시마노프스키 1	9개의 전주곡 / 변주곡 / 4개의 연습곡 / 소나타 제1번
25	멘델스존 1	소나타 / 엄격 변주곡 / 안단테와 변주곡 / 기상곡 / 론도 카프리치오소 / 3개의 환상곡 또는 기상곡 / 전주곡과 푸가 / 어린이를 위한 소곡집 / 3개의 연습곡 / 안단테 칸타빌레와 프레스토 아지타토	63	시마노프스키 2	폴란드 민요에 의한 변주곡 / 환상곡 / 전주곡과 푸가 / 소나타 제2번
26	멘델스존 2	무언가집	64	시마노프스키 3	메토프 / 12개의 연습곡 / 가면극 / 소나타 제3번
27	쇼팽 1	소나타집 / 발라드집 / 즉흥곡집	65	시마노프스키 4	마주르카집 / 발스 로맨틱 / 4개의 폴란드 무곡 / 2개의 마주르카
28	쇼팽 2	환상곡 / 스케르초집 / 녹턴집	66	생상스	카프리스 외
29	쇼팽 3	왈츠집 / 마주르카집	67	알베니스 1	이베리아 제1, 2권
30	쇼팽 4	24개의 전주곡집 / 전주곡 / 12개의 연습곡집 / 3개의 연습곡	68	알베니스 2	이베리아 제3, 4권 / 나바라
31	쇼팽 5	폴로네즈집(전11곡)	69	알베니스 3	아라곤 - 호다 아라고네자 / 세레나다 에스파뇰라 / 조곡 〈스페인 노래〉(전5곡) / 스페인 조곡(전8곡)
32	쇼팽 6	론도 / 마주르카풍 론도 / 화려한 변주곡 / 변주곡 / 볼레로 / 타란텔라 / 연주회용 알레그로 / 자장가 / 뱃노래 / 장송 행진곡 / 3개의 에코세즈	70	라벨 1	그로테스크한 세레나데 / 고풍스러운 미뉴에트 / 죽은 왕녀를 위한 파반느 / 물의 장난 / 소나티네 / 거울
33	슈만 1	소나타 / 대소나타 / 프레스토 / 스케르초	71	라벨 2	밤의 가스파르 / 하이든의 이름에 의한 미뉴에트 / 우아하고 감상적인 왈츠 / 전주곡 / 쿠프랭의 무덤
34	슈만 2	나비 / 다윗 동맹 무곡집 / 사육제 / 어린이 정경 / 크라이슬레리아나 / 빈사육제의 어릿광대	72	바르토크 1	2개의 엘레지 / 2개의 루마니아 무곡 / 4개의 만가 / 알레그로 바르바로 / 소나티네 / 루마니아 민속 무곡 / 루마니아의 크리스마스 노래 / 모음곡
35	슈만 3	아베크 변주곡 / 토카타 / 알레그로 / 변주곡 형식에 의한 교향적 연습곡 / 아라베스크 / 꽃노래 / 노벨레테	73	바르토크 2	15개의 헝가리 농민가 / 3개의 연습곡 / 헝가리 농민가에 의한 즉흥곡 / 피아노 소나타 / 창 밖에서 / 민요 선율에 의한 3개의 론도
36	슈만 4	환상 소곡집 / 환상곡 / 유모레스크 / 야상곡집 / 3개의 로망스 / 숲의 정경	74	바르토크 3	랩소디 / 치크 지방의 3개의 민요 / 14개의 바가텔 / 7개의 스케치 / 3개의 부르레스크 / 무용조곡 / 9개의 피아노 소품
37	슈만 5	어린이를 위한 앨범 / 다채로운 작품 / 음악 수첩	75	러시아 5인조*	보로딘 / 큐이 / 발라키레프 / 무소륵스키 / 림스키코르사코프
38	브람스 1	소나타집 / 변주곡집			

※ 세계음악전집은 계속 이어집니다.